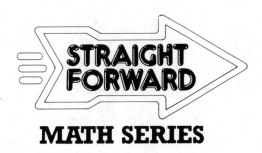

MATH SERIES

SUBTRACTION

By S. Harold Collins

Book design and illustrations by
Kathy Kifer

Copyright © 1986 by Stanley H. Collins

Published by:
Garlic Press
605 Powers St.
Eugene, OR 97402

ISBN 0-931993-12-1
Order Number GP-012

www.garlicpress.com

To Parents and Teachers

The Straight Forward Math Series has been designed for parents and teachers of children. It is a simple, straightforward way to teach subtraction facts 0–10.

The Straight Forward Math Series gives practice, review, and testing. Use these steps to teach subtraction skills:

- Give the ***Beginning Assessment Test*** to find out where to begin with Practice Sheets. The Beginning Assessment Test (page 1) will tell you which facts are sound and which need attention.

  Look closely at the Beginning Assessment Test. Subtraction facts are diagonally arranged (see Answers, page 30, to see better this diagonal arrangement).

  If the Beginning Assessment Test is given and errors begin with 2's, that is where you begin to build skills with Practice Sheets.

- Start ***Practice Sheets*** at the appropriate error level. Do not skip levels once you begin, build up to 10's facts.

  Two Practice Sheets are given for each level to provide ample practice. Each Practice Sheet has 100 facts.

  Set a standard to move to the next subtraction level; for instance, 95 problems correctly answered out of 100 in four minutes.

  Two forms are used for Practice Sheets—vertical $\begin{array}{r} 10 \\ -6 \\ \hline \end{array}$ and horizontal $10 - 6 =$. Both forms occur commonly.

- Give ***Review Sheets*** after completion of facts through 3, facts through 6, and again after facts through 10.

- Give a ***Section Diagnostic Test*** as a final measure of a particular section. Section Diagnostic Tests are arranged to identify problems which may still exist with particular subtraction facts (much like the original Beginning Assessment Test).

  Set a standard to move from one section to the next. If the standard is not met, go back, focus on the problem area(s) with Practice Sheets or similar material you can prepare.

- Give the ***Final Assessment Test*** to measure all facts 0–10. Compare the change from the Beginning Assessment Test.

Contents

9 − 9	10 − 8	9 − 7	11 − 4	3 − 3	4 − 2	1 − 1	8 − 0	6 − 0	0 − 0
8 − 6	10 − 9	9 − 8	8 − 7	12 − 4	7 − 3	3 − 2	2 − 1	9 − 0	5 − 0
10 − 5	7 − 6	11 − 9	8 − 8	7 − 7	13 − 4	8 − 3	5 − 2	3 − 1	10 − 0
16 − 7	9 − 5	6 − 6	12 − 9	11 − 8	11 − 7	14 − 4	9 − 3	6 − 2	4 − 1
8 − 8	17 − 7	8 − 5	9 − 6	13 − 9	12 − 8	12 − 7	4 − 4	6 − 3	7 − 2
5 − 4	16 − 8	7 − 7	7 − 5	11 − 6	14 − 9	13 − 8	13 − 7	5 − 4	8 − 3
6 − 3	6 − 4	15 − 8	8 − 7	6 − 5	12 − 6	15 − 9	14 − 8	14 − 7	6 − 4
7 − 2	5 − 3	7 − 4	14 − 8	9 − 7	5 − 5	13 − 6	16 − 9	15 − 8	15 − 7
20 − 10	8 − 2	4 − 3	8 − 4	13 − 8	10 − 7	11 − 5	14 − 6	17 − 9	16 − 8
18 − 10	15 − 10	9 − 2	10 − 3	9 − 4	9 − 8	11 − 7	12 − 5	15 − 6	18 − 9

Subtracting 0 & 1

```
   1      1     10      9      7      5      3      1      2      8
 - 0    - 1    - 0    - 1    - 0    - 1    - 0    - 1    - 0    - 1


   9      3      2      0      7      8      6      5     10      4
 - 1    - 0    - 1    - 0    - 1    - 0    - 1    - 0    - 1    - 0


   6      1      5      4      1      1      9      7      7      1
 - 0    - 0    - 0    - 1    - 0    - 1    - 0    - 1    - 0    - 0


   3      8      2      7      6      2      1     10      8      9
 - 1    - 0    - 1    - 0    - 1    - 0    - 1    - 0    - 1    - 0


   5      5     10      4      9      8      3      2      0      9
 - 0    - 1    - 0    - 1    - 0    - 1    - 0    - 1    - 0    - 1


   4      6      7      0      6      0     10      4      3      1
 - 1    - 0    - 1    - 0    - 1    - 0    - 1    - 0    - 1    - 0


   0      2      7      9      1      8      2      1      5      4
 - 0    - 1    - 0    - 1    - 0    - 1    - 0    - 1    - 0    - 1


   7      2      1      8      1      2     10      4      3      6
 - 1    - 0    - 1    - 0    - 0    - 0    - 1    - 0    - 1    - 0


   8      2      4     10      9      8      3      1      6      5
 - 0    - 1    - 0    - 1    - 0    - 1    - 0    - 0    - 0    - 1


   2     10      7      6      3     10      6      4      1      8
 - 1    - 0    - 1    - 0    - 1    - 0    - 1    - 0    - 1    - 0
```

Subtracting

2 − 1 =	7 − 1 =	4 − 1 =	3 − 1 =	4 − 0 =
10 − 1 =	2 − 0 =	6 − 0 =	8 − 0 =	10 − 1 =
7 − 1 =	1 − 1 =	7 − 1 =	2 − 1 =	5 − 0 =
6 − 0 =	8 − 0 =	0 − 0 =	7 − 0 =	6 − 1 =
3 − 1 =	1 − 0 =	6 − 1 =	6 − 1 =	8 − 0 =
10 − 0 =	2 − 0 =	0 − 0 =	2 − 0 =	7 − 1 =
6 − 1 =	10 − 1 =	10 − 1 =	1 − 1 =	0 − 0 =
4 − 0 =	2 − 1 =	4 − 0 =	10 − 0 =	4 − 0 =
1 − 1 =	3 − 1 =	3 − 1 =	8 − 1 =	3 − 0 =
8 − 0 =	6 − 0 =	1 − 0 =	9 − 0 =	9 − 1 =
5 − 1 =	4 − 1 =	9 − 1 =	6 − 0 =	1 − 0 =
6 − 0 =	5 − 0 =	0 − 0 =	1 − 0 =	1 − 1 =
1 − 0 =	1 − 1 =	2 − 1 =	5 − 0 =	10 − 0 =
3 − 0 =	2 − 0 =	3 − 0 =	4 − 1 =	9 − 1 =
8 − 1 =	1 − 0 =	8 − 1 =	7 − 0 =	8 − 1 =
9 − 0 =	1 − 0 =	9 − 0 =	1 − 0 =	5 − 1 =
10 − 1 =	9 − 1 =	4 − 1 =	9 − 0 =	3 − 0 =
4 − 0 =	7 − 0 =	10 − 0 =	7 − 1 =	1 − 1 =
2 − 1 =	2 − 1 =	5 − 1 =	7 − 0 =	2 − 0 =
8 − 0 =	0 − 0 =	5 − 0 =	1 − 1 =	8 − 1 =

2 − 2	8 − 2	4 − 2	6 − 2	3 − 2	11 − 2	10 − 2	5 − 2	7 − 2	9 − 2
9 − 2	6 − 2	5 − 2	2 − 2	7 − 2	8 − 2	4 − 2	3 − 2	10 − 2	11 − 2
12 − 2	3 − 2	8 − 2	10 − 2	9 − 2	4 − 2	6 − 2	7 − 2	2 − 2	5 − 2
7 − 2	4 − 2	6 − 2	8 − 2	11 − 2	5 − 2	3 − 2	12 − 2	9 − 2	2 − 2
3 − 2	10 − 2	7 − 2	6 − 2	11 − 2	9 − 2	2 − 2	4 − 2	8 − 2	5 − 2
5 − 2	12 − 2	2 − 2	9 − 2	4 − 2	7 − 2	10 − 2	3 − 2	6 − 2	8 − 2
6 − 2	9 − 2	3 − 2	7 − 2	12 − 2	8 − 2	2 − 2	5 − 2	11 − 2	4 − 2
8 − 2	2 − 2	5 − 2	9 − 2	12 − 2	4 − 2	10 − 2	7 − 2	3 − 2	6 − 2
11 − 2	5 − 2	9 − 2	7 − 2	4 − 2	2 − 2	8 − 2	6 − 2	12 − 2	3 − 2
4 − 2	10 − 2	6 − 2	2 − 2	5 − 2	3 − 2	8 − 2	9 − 2	7 − 2	11 − 2

5 – 2 =	7 – 2 =	11 – 2 =	10 – 2 =	9 – 2 =
2 – 2 =	8 – 2 =	4 – 2 =	6 – 2 =	3 – 2 =
8 – 2 =	4 – 2 =	3 – 2 =	12 – 2 =	10 – 2 =
9 – 2 =	5 – 2 =	6 – 2 =	2 – 2 =	7 – 2 =
4 – 2 =	6 – 2 =	7 – 2 =	5 – 2 =	2 – 2 =
11 – 2 =	3 – 2 =	8 – 2 =	12 – 2 =	9 – 2 =
2 – 2 =	8 – 2 =	6 – 2 =	10 – 2 =	3 – 2 =
12 – 2 =	5 – 2 =	9 – 2 =	7 – 2 =	4 – 2 =
5 – 2 =	3 – 2 =	11 – 2 =	9 – 2 =	2 – 2 =
7 – 2 =	4 – 2 =	6 – 2 =	8 – 2 =	10 – 2 =
9 – 2 =	2 – 2 =	4 – 2 =	8 – 2 =	5 – 2 =
3 – 2 =	11 – 2 =	7 – 2 =	6 – 2 =	12 – 2 =
7 – 2 =	3 – 2 =	10 – 2 =	8 – 2 =	6 – 2 =
5 – 2 =	11 – 2 =	2 – 2 =	9 – 2 =	4 – 2 =
8 – 2 =	2 – 2 =	5 – 2 =	3 – 2 =	12 – 2 =
6 – 2 =	9 – 2 =	3 – 2 =	7 – 2 =	10 – 2 =
4 – 2 =	11 – 2 =	7 – 2 =	3 – 2 =	6 – 2 =
8 – 2 =	2 – 2 =	5 – 2 =	9 – 2 =	12 – 2 =
10 – 2 =	8 – 2 =	9 – 2 =	7 – 2 =	5 – 2 =
4 – 2 =	11 – 2 =	6 – 2 =	2 – 2 =	3 – 2 =

Subtracting

10	8	4	6	3	11	12	5	7	9
− 3	− 3	− 3	− 3	− 3	− 3	− 3	− 3	− 3	− 3

9	6	5	12	7	8	4	3	13	11
− 3	− 3	− 3	− 3	− 3	− 3	− 3	− 3	− 3	− 3

11	3	8	10	9	4	6	7	12	5
− 3	− 3	− 3	− 3	− 3	− 3	− 3	− 3	− 3	− 3

7	4	6	8	11	5	3	13	9	12
− 3	− 3	− 3	− 3	− 3	− 3	− 3	− 3	− 3	− 3

3	11	7	6	10	9	12	4	8	5
− 3	− 3	− 3	− 3	− 3	− 3	− 3	− 3	− 3	− 3

5	10	12	9	4	7	13	3	6	8
− 3	− 3	− 3	− 3	− 3	− 3	− 3	− 3	− 3	− 3

6	9	3	7	11	8	13	5	10	4
− 3	− 3	− 3	− 3	− 3	− 3	− 3	− 3	− 3	− 3

8	12	3	9	11	4	10	7	3	6
− 3	− 3	− 3	− 3	− 3	− 3	− 3	− 3	− 3	− 3

10	5	9	7	4	12	8	6	11	3
− 3	− 3	− 3	− 3	− 3	− 3	− 3	− 3	− 3	− 3

10	5	9	7	4	12	8	6	11	3
− 3	− 3	− 3	− 3	− 3	− 3	− 3	− 3	− 3	− 3

10 − 3 =	11 − 3 =	5 − 3 =	7 − 3 =	9 − 3 =
13 − 3 =	8 − 3 =	4 − 3 =	6 − 3 =	3 − 3 =
8 − 3 =	4 − 3 =	3 − 3 =	12 − 3 =	11 − 3 =
9 − 3 =	5 − 3 =	6 − 3 =	10 − 3 =	7 − 3 =
4 − 3 =	6 − 3 =	7 − 3 =	5 − 3 =	12 − 3 =
10 − 3 =	3 − 3 =	8 − 3 =	13 − 3 =	9 − 3 =
11 − 3 =	8 − 3 =	6 − 3 =	10 − 3 =	3 − 3 =
12 − 3 =	5 − 3 =	9 − 3 =	7 − 3 =	4 − 3 =
5 − 3 =	3 − 3 =	11 − 3 =	9 − 3 =	12 − 3 =
7 − 3 =	4 − 3 =	6 − 3 =	8 − 3 =	10 − 3 =
9 − 3 =	13 − 3 =	4 − 3 =	8 − 3 =	3 − 3 =
3 − 3 =	11 − 3 =	7 − 3 =	6 − 3 =	10 − 3 =
7 − 3 =	3 − 3 =	12 − 3 =	8 − 3 =	6 − 3 =
5 − 3 =	13 − 3 =	12 − 3 =	9 − 3 =	4 − 3 =
8 − 3 =	11 − 3 =	5 − 3 =	3 − 3 =	10 − 3 =
6 − 3 =	9 − 3 =	3 − 3 =	7 − 3 =	12 − 3 =
4 − 3 =	11 − 3 =	7 − 3 =	3 − 3 =	6 − 3 =
8 − 3 =	12 − 3 =	5 − 3 =	9 − 3 =	11 − 3 =
5 − 3 =	8 − 3 =	9 − 3 =	7 − 3 =	13 − 3 =
4 − 3 =	10 − 3 =	6 − 3 =	12 − 3 =	3 − 3 =

Review Sheet 0–3

1 − 1	0 − 0	10 − 2	9 − 3	7 − 1	5 − 2	3 − 1	1 − 0	2 − 2	8 − 3
9 − 3	5 − 3	2 − 0	6 − 2	7 − 2	8 − 2	6 − 1	5 − 0	10 − 3	4 − 1
6 − 3	0 − 0	5 − 3	4 − 2	1 − 1	9 − 0	8 − 1	7 − 0	7 − 2	10 − 1
3 − 0	8 − 2	2 − 1	7 − 3	6 − 1	2 − 2	1 − 1	10 − 2	8 − 0	9 − 3
5 − 3	5 − 0	10 − 1	4 − 0	9 − 2	8 − 1	3 − 2	2 − 0	6 − 3	9 − 1
4 − 3	6 − 2	7 − 1	8 − 2	6 − 0	7 − 3	10 − 0	4 − 1	3 − 3	1 − 0
5 − 2	2 − 1	7 − 0	8 − 1	10 − 2	8 − 3	2 − 1	1 − 0	5 − 1	4 − 2
7 − 3	2 − 0	9 − 2	8 − 0	0 − 0	2 − 2	10 − 1	4 − 3	3 − 1	6 − 3
8 − 3	2 − 1	4 − 0	10 − 3	9 − 0	8 − 2	3 − 2	0 − 0	6 − 0	5 − 1
3 − 3	10 − 0	7 − 1	6 − 2	3 − 0	10 − 3	6 − 1	4 − 2	1 − 1	8 − 3

1 − 0	2 − 1	2 − 1	5 − 3	7 − 2	3 − 3	6 − 2	8 − 1	10 − 0	9 − 3
0 − 0	7 − 1	6 − 2	4 − 3	6 − 2	5 − 3	8 − 2	4 − 1	7 − 0	10 − 3
3 − 0	4 − 1	5 − 2	3 − 3	5 − 2	7 − 3	10 − 2	2 − 1	4 − 0	9 − 3
6 − 0	5 − 1	4 − 2	10 − 3	4 − 2	10 − 3	2 − 2	7 − 1	0 − 0	10 − 3
8 − 0	10 − 1	6 − 2	7 − 3	8 − 2	9 − 3	4 − 2	6 − 1	5 − 0	8 − 3
7 − 0	3 − 1	10 − 2	5 − 3	3 − 2	5 − 3	3 − 2	1 − 1	8 − 0	7 − 3
5 − 0	8 − 1	9 − 2	3 − 3	10 − 2	9 − 3	5 − 2	5 − 1	3 − 0	6 − 3
9 − 0	6 − 1	8 − 2	8 − 3	2 − 2	8 − 3	7 − 2	3 − 1	2 − 0	4 − 3
4 − 0	1 − 1	2 − 2	6 − 3	9 − 2	6 − 3	9 − 2	9 − 1	6 − 0	5 − 3
2 − 0	9 − 1	7 − 2	4 − 3	8 − 2	4 − 3	2 − 2	10 − 1	9 − 0	3 − 3

Subtracting 4

12 − 4	8 − 4	4 − 4	6 − 4	13 − 4	11 − 4	10 − 4	5 − 4	7 − 4	9 − 4
9 − 4	6 − 4	5 − 4	14 − 4	7 − 4	8 − 4	4 − 4	13 − 4	10 − 4	11 − 4
11 − 4	13 − 4	8 − 4	14 − 4	9 − 4	4 − 4	6 − 4	7 − 4	10 − 4	5 − 4
7 − 4	4 − 4	6 − 4	8 − 4	11 − 4	5 − 4	13 − 4	14 − 4	9 − 4	12 − 2
13 − 4	14 − 4	7 − 4	6 − 4	10 − 4	9 − 4	12 − 4	4 − 4	8 − 4	5 − 4
5 − 4	10 − 4	12 − 4	9 − 4	4 − 4	7 − 4	11 − 4	13 − 4	6 − 4	8 − 4
6 − 4	9 − 4	13 − 4	7 − 4	10 − 4	8 − 4	14 − 4	5 − 4	11 − 4	4 − 4
8 − 4	12 − 4	5 − 4	9 − 4	11 − 4	4 − 4	10 − 4	7 − 4	13 − 4	6 − 4
10 − 4	5 − 4	9 − 4	7 − 4	4 − 4	12 − 4	8 − 4	6 − 4	14 − 4	13 − 4
4 − 4	11 − 4	6 − 4	12 − 4	5 − 4	13 − 4	8 − 4	9 − 4	7 − 4	10 − 4

Subtracting

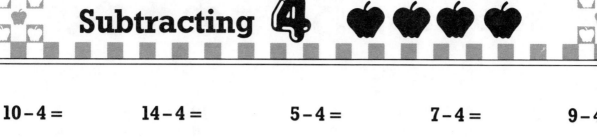

10 – 4 =	14 – 4 =	5 – 4 =	7 – 4 =	9 – 4 =
12 – 4 =	8 – 4 =	4 – 4 =	6 – 4 =	11 – 4 =
8 – 4 =	4 – 4 =	13 – 4 =	10 – 4 =	11 – 4 =
9 – 4 =	5 – 4 =	6 – 4 =	10 – 4 =	7 – 4 =
4 – 4 =	6 – 4 =	7 – 4 =	5 – 4 =	12 – 4 =
11 – 4 =	13 – 4 =	8 – 4 =	14 – 4 =	9 – 4 =
12 – 4 =	8 – 4 =	6 – 4 =	11 – 4 =	13 – 4 =
10 – 4 =	5 – 4 =	5 – 4 =	7 – 4 =	4 – 4 =
5 – 4 =	13 – 4 =	10 – 4 =	9 – 4 =	14 – 4 =
7 – 4 =	4 – 4 =	6 – 4 =	8 – 4 =	11 – 4 =
9 – 4 =	12 – 4 =	4 – 4 =	8 – 4 =	5 – 4 =
13 – 4 =	14 – 4 =	7 – 4 =	6 – 4 =	10 – 4 =
7 – 4 =	13 – 4 =	14 – 4 =	8 – 4 =	6 – 4 =
5 – 4 =	10 – 4 =	12 – 4 =	9 – 4 =	4 – 4 =
8 – 4 =	11 – 4 =	5 – 4 =	13 – 4 =	10 – 4 =
6 – 4 =	9 – 4 =	13 – 4 =	7 – 4 =	11 – 4 =
4 – 4 =	12 – 4 =	7 – 4 =	13 – 4 =	6 – 4 =
8 – 4 =	14 – 4 =	5 – 4 =	9 – 4 =	11 – 4 =
5 – 4 =	8 – 4 =	9 – 4 =	7 – 4 =	10 – 4 =
4 – 4 =	11 – 4 =	6 – 4 =	12 – 4 =	13 – 4 =

Subtracting 5

```
  12      8      15       6      13      11      10       5       7       9
 - 5     - 5     - 5     - 5     - 5     - 5     - 5     - 5     - 5     - 5
_____   _____   _____   _____   _____   _____   _____   _____   _____   _____

   9      6       5      14       7       8      15      13      10      11
 - 5     - 5     - 5     - 5     - 5     - 5     - 5     - 5     - 5     - 5
_____   _____   _____   _____   _____   _____   _____   _____   _____   _____

  11     13       8      14       9      15       6       7      10       5
 - 5     - 5     - 5     - 5     - 5     - 5     - 5     - 5     - 5     - 5
_____   _____   _____   _____   _____   _____   _____   _____   _____   _____

   7     15       6       8      11       5      13      14       9      12
 - 5     - 5     - 5     - 5     - 5     - 5     - 5     - 5     - 5     - 5
_____   _____   _____   _____   _____   _____   _____   _____   _____   _____

  13     14       7       6      10       9      12      15       8      15
 - 5     - 5     - 5     - 5     - 5     - 5     - 5     - 5     - 5     - 5
_____   _____   _____   _____   _____   _____   _____   _____   _____   _____

   5     10      12       9      15       7      11      13       6       8
 - 5     - 5     - 5     - 5     - 5     - 5     - 5     - 5     - 5     - 5
_____   _____   _____   _____   _____   _____   _____   _____   _____   _____

   6      9      13       7      10       8      14       5      11      15
 - 5     - 5     - 5     - 5     - 5     - 5     - 5     - 5     - 5     - 5
_____   _____   _____   _____   _____   _____   _____   _____   _____   _____

   8     12       5       9      11      15      10       7      13       6
 - 5     - 5     - 5     - 5     - 5     - 5     - 5     - 5     - 5     - 5
_____   _____   _____   _____   _____   _____   _____   _____   _____   _____

  10      5       9       7      15      12       8       6      14      13
 - 5     - 5     - 5     - 5     - 5     - 5     - 5     - 5     - 5     - 5
_____   _____   _____   _____   _____   _____   _____   _____   _____   _____

  15     11       6      12       5      13       8       9       7      10
 - 5     - 5     - 5     - 5     - 5     - 5     - 5     - 5     - 5     - 5
_____   _____   _____   _____   _____   _____   _____   _____   _____   _____
```

Subtracting 5

10 – 5 =	14 – 5 =	5 – 5 =	7 – 5 =	9 – 5 =
12 – 5 =	8 – 5 =	15 – 5 =	6 – 5 =	11 – 5 =
8 – 5 =	15 – 5 =	13 – 5 =	10 – 5 =	11 – 5 =
9 – 5 =	5 – 5 =	6 – 5 =	10 – 5 =	7 – 5 =
15 – 5 =	6 – 5 =	7 – 5 =	5 – 5 =	12 – 5 =
11 – 5 =	13 – 5 =	8 – 5 =	14 – 5 =	9 – 5 =
12 – 5 =	8 – 5 =	6 – 5 =	11 – 5 =	13 – 5 =
10 – 5 =	5 – 5 =	9 – 5 =	7 – 5 =	15 – 5 =
5 – 5 =	13 – 5 =	10 – 5 =	9 – 5 =	14 – 5 =
7 – 5 =	15 – 5 =	6 – 5 =	15 – 5 =	11 – 5 =
9 – 5 =	12 – 5 =	15 – 5 =	8 – 5 =	5 – 5 =
13 – 5 =	14 – 5 =	7 – 5 =	6 – 5 =	10 – 5 =
7 – 5 =	13 – 5 =	14 – 5 =	8 – 5 =	6 – 5 =
5 – 5 =	10 – 5 =	12 – 5 =	9 – 5 =	15 – 5 =
8 – 5 =	11 – 5 =	5 – 5 =	13 – 5 =	10 – 5 =
6 – 5 =	9 – 5 =	13 – 5 =	7 – 5 =	11 – 5 =
15 – 5 =	12 – 5 =	7 – 5 =	13 – 5 =	6 – 5 =
8 – 5 =	14 – 5 =	5 – 5 =	9 – 5 =	11 – 5 =
5 – 5 =	8 – 5 =	9 – 5 =	7 – 5 =	10 – 5 =
15 – 5 =	11 – 5 =	6 – 5 =	12 – 5 =	13 – 5 =

Subtracting

12	8	15	6	13	11	10	16	7	9
− 6	− 6	− 6	− 6	− 6	− 6	− 6	− 6	− 6	− 6

9	6	16	14	7	8	15	13	10	11
− 6	− 6	− 6	− 6	− 6	− 6	− 6	− 6	− 6	− 6

11	13	8	14	9	15	6	7	10	16
− 6	− 6	− 6	− 6	− 6	− 6	− 6	− 6	− 6	− 6

7	15	6	8	11	16	13	14	9	12
− 6	− 6	− 6	− 6	− 6	− 6	− 6	− 6	− 6	− 6

13	14	7	6	10	9	12	15	8	15
− 6	− 6	− 6	− 6	− 6	− 6	− 6	− 6	− 6	− 6

16	10	12	9	15	7	11	13	6	8
− 6	− 6	− 6	− 6	− 6	− 6	− 6	− 6	− 6	− 6

6	9	13	7	10	8	14	16	11	15
− 6	− 6	− 6	− 6	− 6	− 6	− 6	− 6	− 6	− 6

8	12	16	9	11	15	10	7	13	6
− 6	− 6	− 6	− 6	− 6	− 6	− 6	− 6	− 6	− 6

10	16	9	7	15	12	8	6	14	13
− 6	− 6	− 6	− 6	− 6	− 6	− 6	− 6	− 6	− 6

15	11	6	12	16	13	8	9	7	10
− 6	− 6	− 6	− 6	− 6	− 6	− 6	− 6	− 6	− 6

Subtracting 6

$10 - 6 =$	$14 - 6 =$	$6 - 6 =$	$7 - 6 =$	$9 - 6 =$
$12 - 6 =$	$8 - 6 =$	$15 - 6 =$	$6 - 6 =$	$11 - 6 =$
$8 - 6 =$	$15 - 6 =$	$13 - 6 =$	$10 - 6 =$	$7 - 6 =$
$9 - 6 =$	$16 - 6 =$	$6 - 6 =$	$10 - 6 =$	$11 - 6 =$
$15 - 6 =$	$6 - 6 =$	$7 - 6 =$	$16 - 6 =$	$12 - 6 =$
$11 - 6 =$	$13 - 6 =$	$8 - 6 =$	$14 - 6 =$	$9 - 6 =$
$12 - 6 =$	$8 - 6 =$	$6 - 6 =$	$11 - 6 =$	$13 - 6 =$
$10 - 6 =$	$16 - 6 =$	$9 - 6 =$	$7 - 6 =$	$15 - 6 =$
$16 - 6 =$	$13 - 6 =$	$10 - 6 =$	$9 - 6 =$	$14 - 6 =$
$7 - 6 =$	$15 - 6 =$	$6 - 6 =$	$15 - 6 =$	$11 - 6 =$
$9 - 6 =$	$12 - 6 =$	$15 - 6 =$	$8 - 6 =$	$16 - 6 =$
$13 - 6 =$	$14 - 6 =$	$7 - 6 =$	$6 - 6 =$	$10 - 6 =$
$7 - 6 =$	$13 - 6 =$	$14 - 6 =$	$8 - 6 =$	$6 - 6 =$
$16 - 6 =$	$10 - 6 =$	$12 - 6 =$	$9 - 6 =$	$15 - 6 =$
$8 - 6 =$	$11 - 6 =$	$16 - 6 =$	$13 - 6 =$	$10 - 6 =$
$6 - 6 =$	$9 - 6 =$	$13 - 6 =$	$7 - 6 =$	$11 - 6 =$
$15 - 6 =$	$12 - 6 =$	$7 - 6 =$	$13 - 6 =$	$6 - 6 =$
$8 - 6 =$	$14 - 6 =$	$16 - 6 =$	$9 - 6 =$	$11 - 6 =$
$16 - 6 =$	$8 - 6 =$	$9 - 6 =$	$7 - 6 =$	$10 - 6 =$
$15 - 6 =$	$11 - 6 =$	$6 - 6 =$	$12 - 6 =$	$13 - 6 =$

Review Sheet 4-6

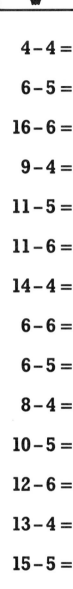

4 – 4 =	8 – 6 =	5 – 5 =	5 – 4 =	7 – 6 =
6 – 5 =	6 – 4 =	6 – 6 =	7 – 5 =	7 – 4 =
16 – 6 =	8 – 5 =	8 – 4 =	15 – 6 =	9 – 5 =
9 – 4 =	14 – 6 =	10 – 5 =	10 – 4 =	13 – 6 =
11 – 5 =	11 – 4 =	12 – 6 =	12 – 5 =	12 – 4 =
11 – 6 =	14 – 5 =	13 – 4 =	10 – 6 =	13 – 5 =
14 – 4 =	9 – 6 =	15 – 5 =	8 – 6 =	7 – 6 =
6 – 6 =	5 – 4 =	16 – 6 =	4 – 4 =	5 – 5 =
6 – 5 =	7 – 5 =	7 – 4 =	8 – 5 =	6 – 4 =
8 – 4 =	15 – 6 =	9 – 5 =	9 – 4 =	14 – 6 =
10 – 5 =	10 – 4 =	13 – 6 =	11 – 5 =	11 – 4 =
12 – 6 =	12 – 5 =	12 – 4 =	11 – 6 =	13 – 5 =
13 – 4 =	10 – 6 =	14 – 5 =	14 – 4 =	9 – 6 =
15 – 5 =	4 – 4 =	8 – 6 =	5 – 5 =	5 – 4 =
7 – 6 =	6 – 5 =	6 – 4 =	6 – 6 =	7 – 5 =
7 – 4 =	16 – 6 =	8 – 5 =	8 – 4 =	13 – 6 =
9 – 5 =	9 – 4 =	14 – 6 =	10 – 5 =	10 – 4 =
13 – 6 =	12 – 6 =	11 – 4 =	11 – 6 =	11 – 5 =
12 – 4 =	12 – 5 =	13 – 5 =	13 – 4 =	10 – 6 =
14 – 5 =	14 – 4 =	9 – 6 =	15 – 5 =	4 – 4 =

4 – 4 =	11 – 4 =	12 – 4 =	14 – 4 =	5 – 4 =
11 – 5 =	12 – 5 =	8 – 5 =	7 – 5 =	6 – 5 =
9 – 6 =	10 – 6 =	9 – 6 =	12 – 6 =	11 – 6 =
5 – 4 =	12 – 4 =	13 – 4 =	4 – 4 =	4 – 4 =
10 – 5 =	13 – 5 =	9 – 5 =	6 – 5 =	7 – 5 =
10 – 6 =	7 – 6 =	8 – 6 =	13 – 6 =	10 – 6 =
6 – 4 =	13 – 4 =	11 – 4 =	5 – 4 =	14 – 4 =
9 – 5 =	14 – 5 =	10 – 5 =	15 – 5 =	8 – 5 =
12 – 6 =	6 – 6 =	10 – 6 =	14 – 6 =	9 – 6 =
7 – 4 =	14 – 4 =	10 – 4 =	6 – 4 =	13 – 4 =
8 – 5 =	15 – 5 =	11 – 5 =	14 – 5 =	9 – 5 =
11 – 6 =	6 – 6 =	9 – 6 =	15 – 6 =	8 – 6 =
8 – 4 =	4 – 4 =	9 – 4 =	7 – 4 =	12 – 4 =
7 – 5 =	15 – 5 =	12 – 5 =	13 – 5 =	10 – 5 =
10 – 6 =	7 – 6 =	8 – 6 =	16 – 6 =	7 – 6 =
9 – 4 =	5 – 4 =	8 – 4 =	9 – 4 =	11 – 4 =
6 – 5 =	14 – 5 =	13 – 5 =	11 – 5 =	12 – 5 =
13 – 6 =	16 – 6 =	14 – 6 =	11 – 6 =	15 – 6 =
10 – 4 =	6 – 4 =	8 – 4 =	7 – 4 =	12 – 4 =
9 – 5 =	15 – 5 =	14 – 5 =	13 – 5 =	12 – 5 =

Subtracting 7

12 − 7	8 − 7	15 − 7	17 − 7	13 − 7	11 − 7	10 − 7	16 − 7	7 − 7	9 − 7
11 − 7	13 − 7	8 − 7	14 − 7	9 − 7	15 − 7	17 − 7	7 − 7	10 − 7	16 − 7
9 − 7	17 − 7	16 − 7	14 − 7	7 − 7	8 − 7	15 − 7	13 − 7	10 − 7	11 − 7
7 − 7	15 − 7	17 − 7	8 − 7	11 − 7	16 − 7	13 − 7	14 − 7	9 − 7	12 − 7
13 − 7	14 − 7	7 − 7	17 − 7	10 − 7	9 − 7	12 − 7	15 − 7	8 − 7	15 − 7
16 − 7	10 − 7	12 − 7	9 − 7	15 − 7	7 − 7	11 − 7	13 − 7	17 − 7	8 − 7
17 − 7	9 − 7	13 − 7	7 − 7	10 − 7	8 − 7	14 − 7	16 − 7	11 − 7	15 − 7
8 − 7	12 − 7	16 − 7	9 − 7	11 − 7	15 − 7	10 − 7	7 − 7	13 − 7	17 − 7
10 − 7	16 − 7	9 − 7	7 − 7	15 − 7	12 − 7	17 − 7	9 − 7	14 − 7	13 − 7
15 − 7	11 − 7	17 − 7	12 − 7	16 − 7	13 − 7	8 − 7	17 − 7	7 − 7	10 − 7

Subtracting

10 − 7 =	14 − 7 =	16 − 7 =	17 − 7 =	9 − 7 =
12 − 7 =	8 − 7 =	15 − 7 =	17 − 7 =	11 − 7 =
8 − 7 =	15 − 7 =	13 − 7 =	10 − 7 =	7 − 7 =
9 − 7 =	16 − 7 =	17 − 7 =	10 − 7 =	11 − 7 =
15 − 7 =	17 − 7 =	7 − 7 =	17 − 7 =	12 − 7 =
11 − 7 =	13 − 7 =	8 − 7 =	14 − 7 =	9 − 7 =
12 − 7 =	8 − 7 =	17 − 7 =	11 − 7 =	13 − 7 =
10 − 7 =	16 − 7 =	9 − 7 =	7 − 7 =	15 − 7 =
16 − 7 =	13 − 7 =	10 − 7 =	9 − 7 =	14 − 7 =
7 − 7 =	15 − 7 =	17 − 7 =	15 − 7 =	11 − 7 =
9 − 7 =	12 − 7 =	15 − 7 =	8 − 7 =	16 − 7 =
13 − 7 =	14 − 7 =	7 − 7 =	17 − 7 =	10 − 7 =
7 − 7 =	13 − 7 =	14 − 7 =	8 − 7 =	17 − 7 =
16 − 7 =	10 − 7 =	12 − 7 =	9 − 7 =	15 − 7 =
8 − 7 =	11 − 7 =	16 − 7 =	13 − 7 =	10 − 7 =
17 − 7 =	9 − 7 =	13 − 7 =	7 − 7 =	11 − 7 =
15 − 7 =	12 − 7 =	7 − 7 =	13 − 7 =	17 − 7 =
8 − 7 =	14 − 7 =	16 − 7 =	9 − 7 =	11 − 7 =
16 − 7 =	8 − 7 =	9 − 7 =	7 − 7 =	10 − 7 =
15 − 7 =	11 − 7 =	17 − 7 =	12 − 7 =	13 − 7 =

12 − 8	8 − 8	15 − 8	17 − 8	13 − 8	11 − 8	10 − 8	16 − 8	18 − 8	9 − 8
9 − 8	17 − 8	16 − 8	14 − 8	18 − 8	8 − 8	15 − 8	13 − 8	10 − 8	11 − 8
11 − 8	13 − 8	8 − 8	14 − 8	9 − 8	15 − 8	17 − 8	18 − 8	10 − 8	16 − 8
18 − 8	15 − 8	17 − 8	8 − 8	11 − 8	16 − 8	13 − 8	14 − 8	9 − 8	12 − 8
13 − 8	14 − 8	18 − 8	17 − 8	10 − 8	9 − 8	12 − 8	15 − 8	8 − 8	15 − 8
16 − 8	10 − 8	12 − 8	9 − 8	15 − 8	18 − 8	11 − 8	13 − 8	17 − 8	8 − 8
17 − 8	9 − 8	13 − 8	18 − 8	10 − 8	8 − 8	14 − 8	16 − 8	11 − 8	15 − 8
8 − 8	12 − 8	16 − 8	9 − 8	11 − 8	15 − 8	10 − 8	18 − 8	13 − 8	18 − 8
10 − 8	16 − 8	9 − 8	18 − 8	15 − 8	12 − 8	17 − 8	9 − 8	14 − 8	13 − 8
15 − 8	11 − 8	17 − 8	12 − 8	16 − 8	13 − 8	8 − 8	17 − 8	18 − 8	10 − 8

10 – 8 =	14 – 8 =	16 – 8 =	18 – 8 =	9 – 8 =
12 – 8 =	8 – 8 =	15 – 8 =	17 – 8 =	11 – 8 =
8 – 8 =	15 – 8 =	13 – 8 =	10 – 8 =	18 – 8 =
9 – 8 =	16 – 8 =	17 – 8 =	10 – 8 =	11 – 8 =
15 – 8 =	17 – 8 =	18 – 8 =	16 – 8 =	12 – 8 =
11 – 8 =	13 – 8 =	8 – 8 =	14 – 8 =	9 – 8 =
12 – 8 =	8 – 8 =	17 – 8 =	11 – 8 =	13 – 8 =
10 – 8 =	16 – 8 =	9 – 8 =	18 – 8 =	15 – 8 =
16 – 8 =	13 – 8 =	10 – 8 =	9 – 8 =	14 – 8 =
18 – 8 =	15 – 8 =	17 – 8 =	15 – 8 =	11 – 8 =
9 – 8 =	12 – 8 =	15 – 8 =	8 – 8 =	16 – 8 =
13 – 8 =	14 – 8 =	18 – 8 =	17 – 8 =	10 – 8 =
18 – 8 =	13 – 8 =	14 – 8 =	8 – 8 =	17 – 8 =
16 – 8 =	10 – 8 =	12 – 8 =	9 – 8 =	15 – 8 =
8 – 8 =	11 – 8 =	16 – 8 =	13 – 8 =	10 – 8 =
17 – 8 =	9 – 8 =	13 – 8 =	18 – 8 =	11 – 8 =
15 – 8 =	12 – 8 =	18 – 8 =	13 – 8 =	17 – 8 =
8 – 8 =	14 – 8 =	16 – 8 =	9 – 8 =	11 – 8 =
16 – 8 =	8 – 8 =	9 – 8 =	18 – 8 =	10 – 8 =
15 – 8 =	11 – 8 =	17 – 8 =	12 – 8 =	13 – 8 =

Subtracting

12 − 9	19 − 9	15 − 9	17 − 9	13 − 9	11 − 9	10 − 9	16 − 9	18 − 9	9 − 9
9 − 9	17 − 9	16 − 9	14 − 9	18 − 9	19 − 9	15 − 9	13 − 9	10 − 9	11 − 9
11 − 9	13 − 9	19 − 9	14 − 9	9 − 9	15 − 9	17 − 9	18 − 9	10 − 9	16 − 9
18 − 9	15 − 9	17 − 9	19 − 9	11 − 9	16 − 9	13 − 9	14 − 9	9 − 9	12 − 9
13 − 9	14 − 9	18 − 9	17 − 9	10 − 9	9 − 9	12 − 9	15 − 9	19 − 9	15 − 9
16 − 9	10 − 9	12 − 9	9 − 9	15 − 9	18 − 9	11 − 9	13 − 9	17 − 9	19 − 9
17 − 9	9 − 9	13 − 9	18 − 9	10 − 9	19 − 9	14 − 9	16 − 9	11 − 9	15 − 9
19 − 9	12 − 9	16 − 9	9 − 9	11 − 9	15 − 9	10 − 9	18 − 9	13 − 9	18 − 9
10 − 9	16 − 9	9 − 9	18 − 9	15 − 9	12 − 9	17 − 9	9 − 9	14 − 9	13 − 9
15 − 9	11 − 9	17 − 9	12 − 9	16 − 9	13 − 9	18 − 9	17 − 9	18 − 9	10 − 9

10 − 9 =	14 − 9 =	16 − 9 =	18 − 9 =	9 − 9 =
12 − 9 =	19 − 9 =	15 − 9 =	17 − 9 =	11 − 9 =
19 − 9 =	15 − 9 =	13 − 9 =	10 − 9 =	18 − 9 =
9 − 9 =	16 − 9 =	17 − 9 =	10 − 9 =	11 − 9 =
15 − 9 =	17 − 9 =	18 − 9 =	16 − 9 =	12 − 9 =
11 − 9 =	13 − 9 =	19 − 9 =	14 − 9 =	9 − 9 =
12 − 9 =	19 − 9 =	17 − 9 =	11 − 9 =	13 − 9 =
10 − 9 =	16 − 9 =	9 − 9 =	18 − 9 =	15 − 9 =
16 − 9 =	13 − 9 =	10 − 9 =	9 − 9 =	14 − 9 =
18 − 9 =	15 − 9 =	17 − 9 =	15 − 9 =	11 − 9 =
9 − 9 =	12 − 9 =	15 − 9 =	19 − 9 =	16 − 9 =
13 − 9 =	14 − 9 =	18 − 9 =	17 − 9 =	10 − 9 =
18 − 9 =	13 − 9 =	14 − 9 =	19 − 9 =	17 − 9 =
16 − 9 =	10 − 9 =	12 − 9 =	9 − 9 =	15 − 9 =
19 − 9 =	11 − 9 =	16 − 9 =	13 − 9 =	10 − 9 =
17 − 9 =	9 − 9 =	13 − 9 =	18 − 9 =	11 − 9 =
15 − 9 =	12 − 9 =	18 − 9 =	13 − 9 =	17 − 9 =
19 − 9 =	14 − 9 =	16 − 9 =	9 − 9 =	11 − 9 =
16 − 9 =	19 − 9 =	9 − 9 =	18 − 9 =	10 − 9 =
15 − 9 =	11 − 9 =	17 − 9 =	12 − 9 =	13 − 9 =

12 − 10	19 − 10	15 − 10	17 − 10	13 − 10	11 − 10	10 − 10	16 − 10	18 − 10	20 − 10
20 − 10	17 − 10	16 − 10	14 − 10	18 − 10	19 − 10	15 − 10	13 − 10	10 − 10	11 − 10
11 − 10	13 − 10	19 − 10	14 − 10	20 − 10	15 − 10	17 − 10	18 − 10	10 − 10	16 − 10
18 − 10	15 − 10	17 − 10	19 − 10	11 − 10	16 − 10	13 − 10	14 − 10	15 − 10	12 − 10
13 − 10	14 − 10	18 − 10	17 − 10	10 − 10	20 − 10	12 − 10	15 − 10	19 − 10	15 − 10
16 − 10	10 − 10	12 − 10	20 − 10	15 − 10	18 − 10	11 − 10	13 − 10	17 − 10	19 − 10
17 − 10	20 − 10	13 − 10	18 − 10	10 − 10	19 − 10	14 − 10	16 − 10	11 − 10	15 − 10
19 − 10	12 − 10	16 − 10	20 − 10	11 − 10	15 − 10	10 − 10	18 − 10	13 − 10	18 − 10
10 − 10	16 − 10	20 − 10	18 − 10	15 − 10	12 − 10	17 − 10	20 − 10	14 − 10	13 − 10
15 − 10	11 − 10	17 − 10	12 − 10	16 − 10	13 − 10	18 − 10	17 − 10	18 − 10	10 − 10

Subtracting 10

10 – 10 =	14 – 10 =	16 – 10 =	18 – 10 =	20 – 10 =
12 – 10 =	19 – 10 =	15 – 10 =	17 – 10 =	11 – 10 =
19 – 10 =	15 – 10 =	13 – 10 =	10 – 10 =	18 – 10 =
20 – 10 =	16 – 10 =	17 – 10 =	10 – 10 =	11 – 10 =
15 – 10 =	17 – 10 =	18 – 10 =	16 – 10 =	12 – 10 =
11 – 10 =	13 – 10 =	19 – 10 =	14 – 10 =	20 – 10 =
12 – 10 =	19 – 10 =	17 – 10 =	11 – 10 =	13 – 10 =
10 – 10 =	16 – 10 =	20 – 10 =	18 – 10 =	15 – 10 =
16 – 10 =	13 – 10 =	10 – 10 =	12 – 10 =	14 – 10 =
18 – 10 =	15 – 10 =	17 – 10 =	15 – 10 =	11 – 10 =
20 – 10 =	12 – 10 =	15 – 10 =	19 – 10 =	16 – 10 =
13 – 10 =	14 – 10 =	18 – 10 =	17 – 10 =	10 – 10 =
18 – 10 =	13 – 10 =	14 – 10 =	19 – 10 =	17 – 10 =
16 – 10 =	10 – 10 =	12 – 10 =	20 – 10 =	15 – 10 =
19 – 10 =	11 – 10 =	16 – 10 =	13 – 10 =	10 – 10 =
17 – 10 =	20 – 10 =	13 – 10 =	18 – 10 =	11 – 10 =
15 – 10 =	12 – 10 =	18 – 10 =	13 – 10 =	17 – 10 =
19 – 10 =	14 – 10 =	16 – 10 =	20 – 10 =	11 – 10 =
16 – 10 =	19 – 10 =	20 – 10 =	18 – 10 =	10 – 10 =
15 – 10 =	11 – 10 =	17 – 10 =	12 – 10 =	13 – 10 =

Review Sheet 7-10

7 - 7	12 - 8	10 - 9	12 - 10	15 - 7	13 - 8	9 - 9	13 - 10	17 - 8	10 - 7
11 - 9	14 - 10	17 - 7	17 - 8	12 - 9	15 - 10	14 - 7	16 - 8	13 - 9	16 - 10
17 - 10	15 - 9	13 - 8	18 - 10	14 - 9	12 - 8	13 - 7	19 - 10	11 - 7	12 - 8
8 - 8	16 - 9	20 - 10	16 - 7	18 - 8	17 - 9	10 - 10	12 - 7	18 - 8	18 - 9
7 - 7	11 - 8	19 - 9	12 - 10	8 - 7	11 - 8	10 - 9	11 - 10	8 - 8	9 - 7
11 - 9	10 - 10	17 - 7	16 - 8	11 - 10	10 - 9	16 - 7	15 - 8	9 - 9	12 - 10
13 - 10	12 - 9	14 - 8	14 - 10	13 - 9	10 - 8	14 - 7	15 - 10	15 - 7	11 - 8
9 - 8	16 - 9	17 - 10	13 - 7	8 - 8	15 - 9	16 - 10	12 - 7	9 - 8	14 - 9
9 - 7	10 - 8	17 - 9	18 - 10	10 - 7	9 - 8	18 - 9	19 - 10	11 - 7	10 - 8
10 - 9	11 - 10	8 - 7	15 - 8	9 - 9	10 - 10	7 - 7	14 - 8	19 - 9	20 - 10

7 − 7	18 − 8	15 − 9	15 − 10	12 − 7	11 − 8	19 − 9	20 − 10	8 − 7	8 − 8
17 − 7	12 − 8	17 − 9	10 − 10	7 − 7	13 − 8	9 − 9	12 − 10	10 − 7	9 − 8
8 − 7	17 − 8	16 − 9	17 − 10	8 − 7	15 − 8	13 − 9	15 − 10	12 − 7	11 − 8
16 − 7	11 − 7	12 − 9	12 − 10	16 − 7	10 − 8	15 − 9	14 − 10	14 − 7	13 − 8
15 − 7	10 − 8	9 − 9	18 − 10	9 − 7	14 − 8	17 − 9	11 − 10	16 − 7	15 − 8
10 − 7	16 − 8	10 − 9	14 − 10	10 − 7	16 − 8	12 − 9	16 − 10	13 − 7	14 − 8
14 − 7	9 − 8	13 − 9	19 − 10	15 − 7	8 − 8	14 − 9	17 − 10	11 − 7	12 − 8
11 − 7	17 − 8	18 − 9	13 − 10	13 − 7	18 − 8	11 − 9	13 − 10	9 − 7	10 − 8
13 − 7	8 − 8	14 − 9	11 − 10	11 − 7	12 − 8	10 − 9	10 − 10	7 − 7	18 − 8
9 − 7	15 − 8	11 − 9	16 − 10	14 − 7	9 − 8	16 − 9	18 − 10	15 − 7	16 − 8

14 − 4	17 − 8	3 − 1	6 − 3	10 − 3	5 − 3	7 − 2	5 − 1	2 − 0	8 − 1
14 − 5	15 − 5	19 − 10	2 − 1	18 − 9	9 − 3	11 − 2	4 − 2	9 − 0	1 − 1
17 − 9	15 − 8	18 − 10	7 − 4	15 − 8	8 − 4	11 − 8	9 − 7	10 − 2	7 − 0
16 − 8	13 − 9	18 − 9	13 − 3	13 − 6	5 − 2	16 − 8	8 − 5	3 − 1	8 − 2
10 − 2	11 − 3	14 − 9	11 − 9	19 − 10	3 − 2	13 − 7	10 − 5	12 − 3	6 − 2
11 − 8	9 − 1	17 − 8	15 − 7	17 − 8	12 − 2	17 − 9	1 − 1	14 − 7	7 − 4
12 − 5	10 − 8	17 − 9	14 − 8	16 − 7	10 − 9	17 − 7	15 − 7	11 − 6	12 − 6
11 − 4	13 − 6	12 − 8	14 − 6	15 − 7	12 − 9	16 − 9	11 − 1	9 − 5	17 − 8
6 − 1	10 − 7	12 − 7	13 − 8	15 − 8	13 − 5	11 − 2	13 − 4	16 − 10	13 − 6
10 − 1	4 − 0	14 − 7	11 − 7	16 − 8	9 − 8	12 − 4	10 − 1	12 − 3	10 − 0

16 − 9	10 − 8	9 − 7	8 − 4	6 − 3	6 − 2	4 − 1	0 − 0	5 − 0	8 − 0
14 − 6	11 − 9	9 − 8	11 − 7	9 − 4	7 − 3	8 − 2	5 − 1	1 − 0	6 − 0
5 − 5	15 − 6	12 − 9	17 − 8	12 − 7	10 − 4	8 − 3	7 − 2	6 − 1	2 − 0
15 − 7	6 − 5	14 − 6	13 − 9	16 − 8	13 − 7	11 − 4	9 − 3	9 − 2	7 − 1
18 − 8	13 − 7	7 − 5	13 − 6	14 − 9	15 − 8	14 − 7	12 − 4	11 − 3	10 − 2
4 − 4	14 − 8	14 − 7	8 − 5	12 − 6	15 − 9	14 − 8	15 − 7	13 − 4	12 − 3
13 − 3	5 − 4	15 − 8	15 − 7	9 − 5	11 − 6	16 − 9	13 − 8	16 − 7	14 − 4
2 − 2	4 − 3	6 − 4	16 − 8	16 − 7	14 − 5	10 − 6	17 − 9	12 − 8	17 − 7
13 − 10	3 − 2	5 − 3	7 − 4	17 − 8	7 − 7	13 − 5	9 − 6	18 − 9	11 − 8
11 − 10	17 − 10	4 − 2	6 − 3	8 − 4	9 − 8	8 − 7	12 − 5	8 − 6	19 − 9

ANSWERS

Beginning Assessment Test, page 1

9−9=0	10−8=2	9−7=2	11−4=7	3−3=0	4−2=2	1−1=0	8−0=8	6−0=6	0−0=0	0's
8−6=2	10−9=1	9−8=1	8−7=1	12−4=8	7−3=4	3−2=1	2−1=1	9−0=9	5−0=5	0's
10−5=5	7−6=1	11−9=2	8−8=0	7−7=0	13−4=9	8−3=5	5−2=3	3−1=2	10−0=10	0's
16−7=9	9−5=4	6−6=0	12−9=3	11−8=3	11−7=4	14−4=10	9−3=6	6−2=4	4−1=3	1's
8−8=0	17−7=10	8−5=3	9−6=3	13−9=4	12−8=4	12−7=5	4−4=0	6−3=3	7−2=5	2's
5−4=1	16−8=8	7−7=0	7−5=2	11−6=5	14−9=5	13−8=5	13−7=6	5−4=1	8−3=5	3's
6−3=3	6−4=2	15−8=7	8−7=1	6−5=1	12−6=6	15−9=6	14−8=6	14−7=7	6−4=2	4's
7−2=5	5−3=2	7−4=3	14−8=6	9−7=2	5−5=0	13−6=7	16−9=7	15−8=7	15−7=8	7's
20−10=10	8−2=6	4−3=1	8−4=4	13−8=5	10−7=3	11−5=6	14−6=8	17−9=8	16−8=8	8's
18−10=8	15−10=5	9−2=7	10−3=7	9−4=5	9−8=1	11−7=4	12−5=7	15−6=9	18−9=9	9's

10's 10's 2's 3's 4's 8's 7's 5's 6's

The **Beginning Assessment Test** has facts arranged diagonally. This diagonal arrangement quickly identifies facts which are firm and facts which need attention.

Begin **Practice Sheets** at the level where several errors occur in fact diagonals. That may be with 2's for younger children and 4's with older children.

PRACTICE SHEET 0's and 1's, page 2

1	0	10	8	7	4	3	0	2	7
8	3	1	0	6	8	5	5	9	4
6	1	5	3	1	0	9	6	7	1
2	8	1	7	5	2	0	10	7	9
5	4	10	3	9	7	3	1	0	8
3	6	6	0	5	0	9	4	2	1
0	1	7	8	1	7	2	0	5	3
6	2	0	8	1	2	9	4	2	6
8	1	4	9	9	7	3	1	6	4
1	10	6	6	2	10	5	4	0	8

page 3

1	6	3	2	4
9	2	6	8	9
6	0	6	1	5
6	8	0	7	5
2	1	5	5	8
10	2	0	2	6
5	9	9	0	0
4	1	4	10	4
0	2	2	7	3
8	6	1	9	8
4	3	8	6	1
6	5	0	1	0
1	0	1	5	10
3	2	3	3	8
7	1	7	7	7
9	1	9	1	4
9	8	3	9	3
4	7	10	6	0
1	1	4	7	2
8	0	5	0	7

PRACTICE SHEET 2's, page 4

0	6	2	4	1	9	8	3	5	7
7	4	3	0	5	6	2	1	8	9
10	1	6	8	7	2	4	5	0	3
5	2	4	6	9	3	1	10	7	0
1	8	5	4	9	7	0	2	6	3
3	10	0	7	2	5	8	1	4	6
4	7	1	5	10	6	0	3	9	2
6	0	3	7	10	2	8	5	1	4
9	3	7	5	2	0	6	4	10	1
2	8	4	0	3	1	6	7	5	9

page 5

3	5	9	8	7
0	6	2	4	1
6	2	1	10	8
7	3	4	0	5
2	4	5	3	0
9	1	6	10	7
0	6	4	8	1
10	3	7	5	2
3	1	9	7	0
5	2	4	6	8
7	0	2	6	3
1	9	5	4	10
5	1	8	6	4
3	9	0	7	2
6	0	3	1	10
4	7	1	5	8
2	9	5	1	4
6	0	3	7	10
8	6	7	5	3
2	9	4	0	1

PRACTICE SHEET 3's, page 6

7	5	1	3	0	8	9	2	4	6
6	3	2	9	4	5	1	0	10	8
8	0	5	7	6	1	3	4	9	2
4	1	3	5	8	2	0	10	6	9
0	8	4	3	7	6	9	1	5	2
2	7	9	6	1	4	10	0	3	5
3	6	0	4	8	5	10	2	7	1
5	9	0	6	8	1	7	4	0	3
7	2	6	4	1	9	5	3	8	0
7	2	6	4	1	9	5	3	8	0

page 7

7	8	2	4	6
10	5	1	3	0
5	1	0	9	8
6	2	3	7	4
1	3	4	2	9
7	0	5	10	6
8	5	3	7	0
9	2	6	4	1
2	0	8	6	9
4	1	3	5	7
6	10	1	5	0
0	8	4	3	7
4	0	9	5	3
2	10	9	6	1
5	8	2	0	7
3	6	0	4	9
1	8	4	0	3
5	9	2	6	8
2	5	6	4	10
1	7	3	9	0

REVIEW SHEET 0–3, page 8

0	0	8	6	6	3	2	1	0	5
6	2	2	4	5	6	5	5	7	3
3	0	2	2	0	9	7	7	5	9
3	6	1	4	5	0	0	8	8	6
2	5	9	4	7	7	1	2	3	8
1	4	6	6	6	4	10	3	0	1
3	1	7	7	8	5	1	1	4	2
4	2	7	8	0	0	9	1	2	3
5	1	4	7	9	6	1	0	6	4
0	10	6	4	3	7	5	2	0	5

PRACTICE SHEET 4's, page 10

8	4	0	2	9	7	6	1	3	5
5	2	1	10	3	4	0	9	6	7
7	9	4	10	5	0	2	3	6	1
3	0	2	4	7	1	9	10	5	10
9	10	3	2	6	5	8	0	4	1
1	6	8	5	0	3	7	9	2	4
2	5	9	3	6	4	10	1	7	0
4	8	1	5	7	0	6	3	9	2
6	1	5	3	0	8	4	2	10	9
0	7	2	8	1	9	4	5	3	6

page 11

6	10	1	3	5
8	4	0	2	7
4	0	9	6	7
5	1	2	6	3
0	2	3	1	8
7	9	4	10	5
8	4	2	7	9
6	1	1	3	0
1	9	6	5	10
3	0	2	4	7
5	8	0	4	1
9	10	3	2	6
3	9	10	4	2
1	6	8	5	0
4	7	1	9	6
2	5	9	3	7
0	8	3	9	2
4	10	1	5	7
1	4	5	3	6
0	7	2	8	9

The *Section Diagnostic Tests* are specially arranged too. The arrangement helps to identify if there are still problems and which facts those problems are.

Section Diagnostic Test 0–3, page 9

0's	1's	2's	3's	2's	3's	2's	1's	0's	3's
1 − 0 = 1	2 − 1 = 3	2 − 1 = 1	5 − 3 = 2	7 − 2 = 5	3 − 3 = 0	6 − 2 = 4	8 − 1 = 7	10 − 0 = 10	9 − 3 = 6
0 − 0 = 0	7 − 1 = 6	6 − 2 = 4	4 − 3 = 1	6 − 2 = 4	5 − 3 = 2	8 − 2 = 6	4 − 1 = 3	7 − 0 = 7	10 − 3 = 7
3 − 0 = 3	4 − 1 = 3	5 − 2 = 3	3 − 3 = 0	5 − 2 = 3	7 − 3 = 4	10 − 2 = 8	2 − 1 = 1	4 − 0 = 4	9 − 3 = 6
6 − 0 = 6	5 − 1 = 4	4 − 2 = 2	10 − 3 = 7	4 − 2 = 2	10 − 3 = 7	2 − 2 = 0	7 − 1 = 6	0 − 0 = 0	10 − 3 = 7
8 − 0 = 8	10 − 1 = 9	6 − 2 = 4	7 − 3 = 4	8 − 2 = 6	9 − 3 = 6	4 − 2 = 2	6 − 1 = 5	5 − 0 = 5	8 − 3 = 5
7 − 0 = 7	3 − 1 = 2	10 − 2 = 8	5 − 3 = 2	3 − 2 = 1	5 − 3 = 2	3 − 2 = 1	1 − 1 = 0	8 − 0 = 8	7 − 3 = 4
5 − 0 = 5	8 − 1 = 7	9 − 2 = 7	3 − 3 = 0	10 − 2 = 8	9 − 3 = 6	5 − 2 = 3	5 − 1 = 4	3 − 0 = 3	6 − 3 = 3
9 − 0 = 9	6 − 1 = 5	8 − 2 = 6	8 − 3 = 5	2 − 2 = 0	8 − 3 = 5	7 − 2 = 5	3 − 1 = 2	2 − 0 = 2	4 − 3 = 1
4 − 0 = 4	1 − 1 = 0	2 − 2 = 0	6 − 3 = 3	9 − 2 = 7	6 − 3 = 3	9 − 2 = 7	9 − 1 = 8	6 − 0 = 6	5 − 3 = 2
2 − 0 = 2	9 − 1 = 8	7 − 2 = 5	4 − 3 = 1	8 − 2 = 6	4 − 3 = 1	2 − 2 = 0	10 − 1 = 9	9 − 0 = 9	3 − 3 = 0

PRACTICE SHEET 5's,
page 12

7	3	10	1	8	6	5	0	2	4
4	1	0	9	2	3	10	8	5	6
6	8	3	9	4	10	1	2	5	0
2	10	1	3	6	0	8	9	4	7
8	9	2	1	5	4	7	10	3	10
0	5	7	4	10	2	6	8	1	3
1	4	8	2	5	3	9	0	6	10
3	7	0	4	6	10	5	2	8	1
5	0	4	2	10	7	3	1	9	8
10	6	1	7	0	8	3	4	2	5

page 13

5	9	0	2	4
7	3	10	1	6
3	10	8	5	6
4	0	1	5	2
10	1	2	0	7
6	8	3	9	4
7	3	1	6	8
5	0	4	2	10
0	8	5	4	9
2	10	1	10	6
4	7	10	3	0
8	9	2	1	5
2	8	9	3	1
0	5	7	4	10
3	6	0	8	5
1	4	8	2	6
10	7	2	8	1
3	9	0	4	6
0	3	4	2	5
10	6	1	7	8

PRACTICE SHEET 6's,
page 14

6	2	9	0	7	5	4	10	1	3
3	0	10	8	1	2	9	7	4	5
5	7	2	8	3	9	0	1	4	10
1	9	0	2	5	10	7	8	3	6
7	8	1	0	4	3	6	9	2	9
10	4	6	3	9	1	5	7	0	2
0	3	7	1	4	2	8	10	5	9
2	6	10	3	5	9	4	1	7	0
4	10	3	1	9	6	2	0	8	7
9	5	0	6	10	7	2	3	1	4

page 15

4	8	0	1	3
6	2	9	0	5
2	9	7	4	1
3	10	0	4	5
9	0	1	10	6
5	7	2	8	3
6	2	0	5	7
4	10	3	1	9
10	7	4	3	8
1	9	0	9	5
3	6	9	2	10
7	8	1	0	4
1	7	8	2	0
10	4	6	3	9
2	5	10	7	4
0	3	7	1	5
9	6	1	7	0
2	8	10	3	5
10	2	3	1	4
9	5	0	6	7

REVIEW SHEET 4–6,
page 16

0	2	0	1	1
1	2	0	2	3
10	3	4	9	4
5	8	5	6	7
6	7	6	7	8
5	9	9	4	8
10	3	10	2	1
0	1	10	0	0
1	2	3	3	2
4	9	4	5	8
5	6	7	6	7
6	7	8	5	8
9	4	9	10	3
10	0	2	0	1
1	1	2	0	2
3	10	3	4	7
4	5	8	5	6
7	6	7	5	6
8	7	8	9	4
9	10	3	10	0

Section Diagnostic Test 4–6, page 17

4 – 4 = 0	11 – 4 = 8	12 – 4 = 8	14 – 4 = 10	5 – 4 = 1	4's
11 – 5 = 6	12 – 5 = 7	8 – 5 = 3	7 – 5 = 2	6 – 5 = 1	5's
9 – 6 = 3	10 – 6 = 4	9 – 6 = 3	12 – 6 = 6	11 – 6 = 5	6's
5 – 4 = 1	12 – 4 = 8	13 – 4 = 9	4 – 4 = 0	4 – 4 = 0	4's
10 – 5 = 5	13 – 5 = 8	9 – 5 = 4	6 – 5 = 1	7 – 5 = 2	5's
10 – 6 = 4	7 – 6 = 1	8 – 6 = 2	13 – 6 = 7	10 – 6 = 4	6's
6 – 4 = 2	13 – 4 = 9	11 – 4 = 7	5 – 4 = 1	14 – 4 = 10	4's
9 – 5 = 4	14 – 5 = 9	10 – 5 = 5	15 – 5 = 10	8 – 5 = 3	5's
12 – 6 = 6	6 – 6 = 0	10 – 6 = 4	14 – 6 = 8	9 – 6 = 3	6's
7 – 4 = 3	14 – 4 = 10	10 – 4 = 6	6 – 4 = 2	13 – 4 = 9	4's
8 – 5 = 3	15 – 5 = 10	11 – 5 = 6	14 – 5 = 9	9 – 5 = 4	5's
11 – 6 = 5	6 – 6 = 0	9 – 6 = 3	15 – 6 = 9	8 – 6 = 2	6's
8 – 4 = 4	4 – 4 = 0	9 – 4 = 5	7 – 4 = 3	12 – 4 = 8	4's
7 – 5 = 2	15 – 5 = 10	12 – 5 = 7	13 – 5 = 8	10 – 5 = 5	5's
10 – 6 = 4	7 – 6 = 1	8 – 6 = 2	16 – 6 = 10	7 – 6 = 1	6's
9 – 4 = 5	5 – 4 = 1	8 – 4 = 4	9 – 4 = 5	11 – 4 = 7	4's
6 – 5 = 1	14 – 5 = 9	13 – 5 = 8	11 – 5 = 6	12 – 5 = 7	5's
13 – 6 = 7	16 – 6 = 10	14 – 6 = 8	11 – 6 = 5	15 – 6 = 9	6's
10 – 4 = 6	6 – 4 = 2	8 – 4 = 4	7 – 4 = 3	12 – 4 = 8	4's
9 – 5 = 4	15 – 5 = 10	16 – 5 = 9	13 – 5 = 8	12 – 5 = 7	5's

PRACTICE SHEET 7's, page 18

5	1	8	10	6	4	3	9	0	2
4	6	1	7	2	8	10	0	3	9
2	10	9	7	0	1	8	6	3	4
0	8	10	1	4	9	6	7	2	5
6	7	0	10	3	2	5	8	1	8
9	3	5	2	8	0	4	6	10	1
10	2	6	0	3	1	7	9	4	8
1	5	9	2	4	8	3	0	6	10
3	9	2	0	8	5	10	2	7	6
8	4	10	5	9	6	1	10	0	3

page 19

3	7	9	10	2
5	1	8	10	4
1	8	6	3	0
2	9	10	3	4
8	10	0	10	5
4	6	1	7	2
5	1	10	4	6
3	9	2	0	8
9	6	3	2	7
0	8	10	8	4
2	5	8	1	9
6	7	0	10	3
0	6	7	1	10
9	3	5	2	8
1	4	9	6	3
10	2	6	0	4
8	5	0	6	10
1	7	9	2	4
9	1	2	0	3
8	4	10	5	6

PRACTICE SHEET 8's, page 20

4	0	7	9	5	3	2	8	10	1
1	9	8	6	10	0	7	5	2	3
3	5	0	6	1	7	9	10	2	8
10	7	9	0	3	8	5	6	1	4
5	6	10	9	2	1	4	7	0	7
8	2	4	1	7	10	3	5	9	0
9	1	5	10	2	0	6	8	3	7
0	4	8	1	3	7	2	10	5	10
2	8	1	10	7	4	9	1	6	5
7	3	9	4	8	5	0	9	10	2

page 21

2	6	8	10	1
4	0	7	9	3
0	7	5	2	10
1	8	9	2	3
7	9	10	8	4
3	5	0	6	1
4	0	9	3	5
2	8	1	10	7
8	5	2	1	6
10	7	9	7	3
1	4	7	0	8
5	6	10	9	2
10	5	6	0	9
8	2	4	1	7
0	3	8	5	2
9	1	5	10	3
7	4	10	5	9
0	6	8	1	3
8	0	1	10	2
7	3	9	4	5

PRACTICE SHEET 9's, page 22

3	10	6	8	4	2	1	7	9	0
0	8	7	5	9	10	6	4	1	2
2	4	10	5	0	6	8	9	1	7
9	6	8	10	2	7	4	5	0	3
4	5	9	8	1	0	3	6	10	6
7	1	3	0	6	9	2	4	8	10
8	0	4	9	1	10	5	7	2	6
10	3	7	0	2	6	1	9	4	9
1	7	0	9	6	3	8	0	5	4
6	2	8	3	7	4	9	8	9	1

page 23

1	5	7	9	0
3	10	6	8	2
10	6	4	1	9
0	7	8	1	2
6	8	9	7	3
2	4	10	5	0
3	10	8	2	4
1	7	0	9	6
7	4	1	0	5
9	6	8	6	2
0	3	6	10	7
4	5	9	8	1
9	4	5	10	8
7	1	3	0	6
10	2	7	4	1
8	0	4	9	2
6	3	9	4	8
10	5	7	0	2
7	10	0	9	1
6	2	8	3	4

PRACTICE SHEET 10's, page 24

2	9	5	7	3	1	0	6	8	10
10	7	6	4	8	9	5	3	0	1
1	3	9	4	10	5	7	8	0	6
8	5	7	9	1	6	3	4	5	2
3	4	8	7	0	10	2	5	9	5
6	0	2	10	5	8	1	3	7	9
7	10	3	8	0	9	4	6	1	5
9	2	6	10	1	5	0	8	3	8
0	6	10	8	5	2	7	10	4	3
5	1	7	2	6	3	8	7	8	0

page 25

0	4	6	8	10
2	9	5	7	1
9	5	3	0	8
10	6	7	0	1
5	7	8	6	2
1	3	9	4	10
2	9	7	1	3
0	6	10	8	5
6	3	0	2	4
8	5	7	5	1
10	2	5	9	6
3	4	8	7	0
8	3	4	9	7
6	0	2	10	5
9	1	6	3	0
7	10	3	8	1
5	2	8	3	7
9	4	6	10	1
6	9	10	8	0
5	1	7	2	3

REVIEW SHEET 7-10,
page 26

0	4	1	2	8	5	0	3	9	3
2	4	10	9	3	5	7	8	4	6
7	6	5	8	5	4	6	9	4	4
0	7	10	9	10	8	0	5	10	9
0	3	10	2	1	3	1	1	0	2
2	0	10	8	1	1	9	7	0	2
3	3	6	4	4	2	7	5	8	3
1	7	7	6	0	6	6	5	1	5
2	2	8	8	3	1	9	9	4	2
1	1	1	7	0	0	0	6	10	10

REVIEW SHEET 1-10,
page 28

10	9	2	3	7	2	5	4	2	7
9	10	9	1	9	6	9	2	9	0
8	7	8	3	7	4	3	2	8	7
8	4	9	10	7	3	8	3	2	6
8	8	5	2	9	1	6	5	9	4
3	8	9	8	9	10	8	0	7	3
7	2	8	6	9	1	10	8	5	6
7	7	4	8	8	3	7	10	4	9
5	3	5	5	7	8	9	9	6	7
9	4	7	4	8	1	8	9	9	10

The ***Final Assessment Test*** is arranged like the Beginning Assessment Test, by fact diagonals.

Section Diagnostic Test 7-10, page 27

7's	8's	9's	10's	7's	8's	9's	10's	7's	8's
7 − 7 = 0	18 − 8 = 10	15 − 9 = 6	15 − 10 = 5	12 − 7 = 5	11 − 8 = 3	19 − 9 = 10	20 − 10 = 10	8 − 7 = 1	8 − 8 = 0
17 − 7 = 10	12 − 8 = 4	17 − 9 = 8	10 − 10 = 0	7 − 7 = 0	13 − 8 = 5	9 − 9 = 0	12 − 10 = 2	10 − 7 = 3	9 − 8 = 1
8 − 7 = 1	17 − 8 = 9	16 − 9 = 7	17 − 10 = 7	8 − 7 = 1	15 − 8 = 7	13 − 9 = 4	15 − 10 = 5	12 − 7 = 5	11 − 8 = 3
16 − 7 = 9	11 − 7 = 4	12 − 9 = 3	12 − 10 = 2	16 − 7 = 9	10 − 8 = 2	15 − 9 = 6	14 − 10 = 4	14 − 7 = 7	13 − 8 = 5
15 − 7 = 8	10 − 8 = 2	9 − 9 = 0	18 − 10 = 8	9 − 7 = 2	14 − 8 = 6	17 − 9 = 8	11 − 10 = 1	16 − 7 = 9	15 − 8 = 7
10 − 7 = 3	16 − 8 = 8	10 − 9 = 1	14 − 10 = 4	10 − 7 = 3	16 − 8 = 8	12 − 9 = 3	16 − 10 = 6	13 − 7 = 6	14 − 8 = 6
14 − 7 = 7	9 − 8 = 1	13 − 9 = 4	19 − 10 = 9	15 − 7 = 8	8 − 8 = 0	14 − 9 = 5	17 − 10 = 7	11 − 7 = 4	12 − 8 = 4
11 − 7 = 4	17 − 8 = 9	18 − 9 = 9	13 − 10 = 3	13 − 7 = 6	18 − 8 = 10	11 − 9 = 2	13 − 10 = 3	9 − 7 = 2	10 − 8 = 2
13 − 7 = 6	8 − 8 = 0	14 − 9 = 5	11 − 10 = 1	11 − 7 = 4	12 − 8 = 4	10 − 9 = 1	10 − 10 = 0	7 − 7 = 0	18 − 8 = 10
9 − 7 = 2	15 − 8 = 7	11 − 9 = 2	16 − 10 = 6	14 − 7 = 7	9 − 8 = 1	16 − 9 = 7	18 − 10 = 8	15 − 7 = 8	16 − 8 = 8

Final Assessment Test, page 29

16 − 9 = 7	10 − 8 = 2	9 − 7 = 2	8 − 4 = 4	6 − 3 = 3	6 − 2 = 4	4 − 1 = 3	0 − 0 = 0	5 − 0 = 5	8 − 0 = 8	
14 − 6 = 8	11 − 9 = 2	9 − 8 = 1	11 − 7 = 4	9 − 4 = 5	7 − 3 = 4	8 − 2 = 6	5 − 1 = 4	1 − 0 = 1	6 − 0 = 6	0's
5 − 5 = 0	15 − 6 = 9	12 − 9 = 3	17 − 8 = 9	12 − 7 = 5	10 − 4 = 6	8 − 3 = 5	7 − 2 = 5	6 − 1 = 5	2 − 0 = 2	0's
15 − 7 = 8	6 − 5 = 1	14 − 6 = 8	13 − 9 = 4	16 − 8 = 8	13 − 7 = 6	11 − 4 = 7	9 − 3 = 6	9 − 2 = 7	7 − 1 = 6	0's
18 − 8 = 10	13 − 7 = 6	7 − 5 = 2	13 − 6 = 7	14 − 9 = 5	15 − 8 = 7	14 − 7 = 7	12 − 4 = 8	11 − 3 = 8	10 − 2 = 8	1's
4 − 4 = 0	14 − 8 = 6	14 − 7 = 7	8 − 5 = 3	12 − 6 = 6	15 − 9 = 6	14 − 8 = 6	15 − 7 = 8	13 − 4 = 9	12 − 3 = 9	2's
13 − 3 = 10	5 − 4 = 1	15 − 8 = 7	15 − 7 = 8	9 − 5 = 4	11 − 6 = 5	16 − 9 = 7	13 − 8 = 5	16 − 7 = 9	14 − 4 = 10	3's
2 − 2 = 0	4 − 3 = 1	6 − 4 = 2	16 − 8 = 8	16 − 7 = 9	14 − 5 = 9	10 − 6 = 4	17 − 9 = 8	12 − 8 = 4	17 − 7 = 10	4's
13 − 10 = 3	3 − 2 = 1	5 − 3 = 2	7 − 4 = 3	17 − 8 = 9	7 − 7 = 0	13 − 5 = 8	9 − 6 = 3	18 − 9 = 9	11 − 8 = 3	7's
11 − 10 = 1	17 − 10 = 7	4 − 2 = 2	6 − 3 = 3	8 − 4 = 4	9 − 8 = 1	8 − 7 = 1	12 − 5 = 7	8 − 6 = 2	19 − 9 = 10	8's
10's	10's	2's	3's	4's	8's	7's	5's	6's	9's	